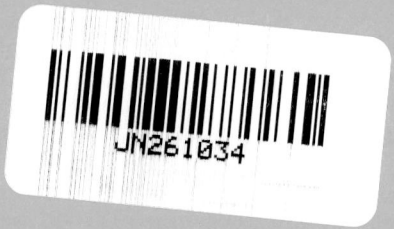

Contents

スプラウトのパワーで元気な毎日を

最近、子どもから中高年まで、元気のない方が多いように感じます。そのひとつの大きな要因として、食生活の乱れがあげられるのではないでしょうか。1日3回きちんと食事をすると、1年間の食事回数は1095回、身体の中には約1トンもの食べものが入ることになります。ですから、身体によい食事をしているかどうかで、健康になったり、病気になったりするのは、当然のことといえるでしょう。

病気を予防するには、やはりバランスのよい食事を摂ることが一番です。そこでおすすめしたいのが、スプラウトといわれる発芽野菜。本文中でも触れましたが、野菜の栄養がぎゅっと詰まったスプラウトには、ビタミンやミネラルがたっぷり含まれています。中でも発芽後3日目のブロッコリーの新芽、スーパースプラウトは、解毒酵素のはたらきを強めたり、抗酸化機能をもつスルフォラファンという成分が豊富で、がん予防も期待できる食材として注目されています。生食はもちろん、スルフォラファンは熱にも強いので、調理のレパートリーも広がります。この本ではそんな身体に嬉しいスプラウトを使った、おいしくて手軽な料理をご紹介しています。いろいろ試して、ご家族の健康維持にお役立ていただければ幸いです。

2004年2月

杉本　恵子

すっきりスープ&汁物

バランスのよいご飯・麺・パンメニュー

サッとできる簡単おつまみ

元気になるヘルシーおやつ

スプラウトってなあに？

スプラウトとは、食べられる発芽野菜のこと。カイワレ大根やモヤシなどもスプラウトの仲間ですが、中でもブロッコリーのスプラウトは、がん予防の効果があることなどから、特に注目されています。

■この本で使用しているスプラウト

本書のレシピ中、「スーパースプラウト」と表記したものは、発芽3日目のブロッコリー・スプラウト「ブロッコリー・スーパースプラウト」のことです。

ブロッコリー・スーパースプラウト

発芽3日目のブロッコリー・スプラウトは、くせがなく、あっさりとした味わいで、各種ビタミンや、がん予防に効果的な抗酸化物質、スルフォラファンが豊富。スルフォラファンの含有量は、ブロッコリー・スプラウトの約2.5倍、成熟ブロッコリーと比較するとおよそ20倍にもなります。

ブロッコリー・スプラウト

スルフォラファンを含み、味はマイルド。P46「スプラウトとそばのごま和え」に使用しています。

マスタード・スプラウト

刺激的な辛みが特徴のハーブ系スプラウト。P36「揚げ卵のトマトスプラウトソース」に使用しています。

クレス・スプラウト

スパイシーな辛さ。卵とよく合います。P70「パニーニサンドイッチ」に使用しています。

レッドキャベツ・スプラウト

赤紫色のスプラウトで、見た目も鮮やかです。P10「天ぷら変わり衣」に使用しています。

■健康効果

スプラウトのもつ
スルフォラファン、ビタミン・ミネラル、
ファイトケミカル

↓

- 発がん物質の解毒
- 活性酸素の除去
- 免疫力の強化

など

↓

- がん・動脈硬化・心臓疾患・糖尿病などの生活習慣病予防
- 老化を防止し、しみ・しわを防ぐ

■効果的な食べ方

がん予防を期待するなら、1週間にスーパースプラウトなら50g、スプラウトなら120gを食べましょう。スルフォラファンの効果は体内でおよそ3日間持続するので、週に2日以上食べるのがおすすめです。

また、スルフォラファンは熱に強いので、サラダやサンドイッチだけでなく、加熱料理にも使えます。ただし、ビタミンは熱や水に弱いので、長時間の加熱は避けましょう。

■選び方・保存法

スプラウトにはさまざまな種類・形状のものがあるため、スルフォラファンの含有量にも差があります。鮮度がよく、パッケージなどに含有量が明記してあるものを選ぶと安心です。なお、**スーパースプラウトの「発芽3日目」というのは、栽培期間のこと**。冷蔵庫で保存しておけば、食べるまでに時間が経過しても、スルフォラファンの量は低下しません。

購入したスプラウトは、パックのまま冷蔵庫に入れておけば、3～4日は食べられます。より鮮度のよい状態を保つためには、冷蔵庫の野菜室で保管するとよいでしょう。保存に最適なのは5℃前後。温度が高い場所はもちろんよくありませんが、逆に低すぎる場所は、葉が凍ってだめになるので避けましょう。

また、かいわれタイプのスプラウトは、種子や市販の栽培キットを利用すれば、自宅でも手軽に育てられます。

このほか、スプラウトの栄養や効能については、P84から詳しく解説しています。

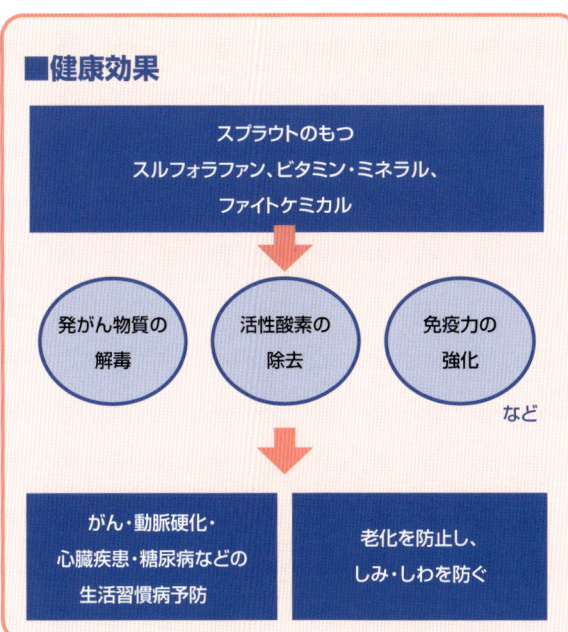

体が喜ぶおいしい健康おかず

熱に強いスプラウトは、付け合わせはもちろん、幅広い料理に活躍。
肉や魚の油っこさをやわらげ、さっぱりとしてくれます。

市販の唐揚げを使った簡単料理。
スプラウトは温と冷の2つの食感で、たっぷり楽しめます。

唐揚げくんのおろし煮

材料（4人分）

大根 ……………………小1本
唐揚げ（市販品）…………8個
スーパースプラウト ……1パック
焼き海苔 …………………1枚

エネルギー 150kcal

塩分 0.6g

調理時間 10分

作り方

1 大根は皮をむかずにすりおろす（写真a）。
2 耐熱皿に唐揚げを入れ、スプラウトの半量をのせ、**1**を汁ごと唐揚げとスプラウトの上に覆うようにかける（写真b）。
3 電子レンジで3分加熱する。
4 焼き海苔は細かく手でちぎる。
5 器に盛り、残りのスプラウトと焼き海苔を飾る。

栄養一口メモ：大根に含まれる成分、ジアスターゼは消化促進作用があり、胃のもたれや不快感を解消してくれます。さらに、ビタミンCには肝臓の機能を高めるはたらきも。大根は皮をむかずそのままおろすことで、さらに栄養価が高まります。

野菜を多彩に取り入れた、ビタミン・ミネラルいっぱいの餃子です。
冷蔵庫に残っている野菜なども、細かく刻んで入れましょう。

スーパー野菜たっぷり餃子

材料（4人分）

生しいたけ	2枚
にんじん	1/3本
白菜	3枚
にら	1束
ねぎ	1/2本
豚ひき肉	100g
生姜汁	1かけ分
スーパースプラウト	1パック
しょうゆ	小さじ1
ゴマ油	小さじ1
塩・こしょう	各少々
餃子の皮	1袋
ゴマ油	適量
ポン酢	適量

エネルギー 237kcal

塩　分 1.5g

調理時間 50分

作り方

1 生しいたけ・にんじん・白菜・にら・ねぎはみじん切りにする。
2 ボウルに**1**・ひき肉・生姜汁を入れてよく混ぜる。
3 **2**にスプラウトを加え混ぜ（写真）、さらにしょうゆ・ゴマ油・塩・こしょうを加える。
4 **3**を餃子の皮で包む。
5 フライパンにゴマ油を熱して焼き、ポン酢でいただく。

POINT

●焼くときに加える水に片栗粉を少し加えれば、パリパリの薄い膜ができ、お店の餃子のようになります。

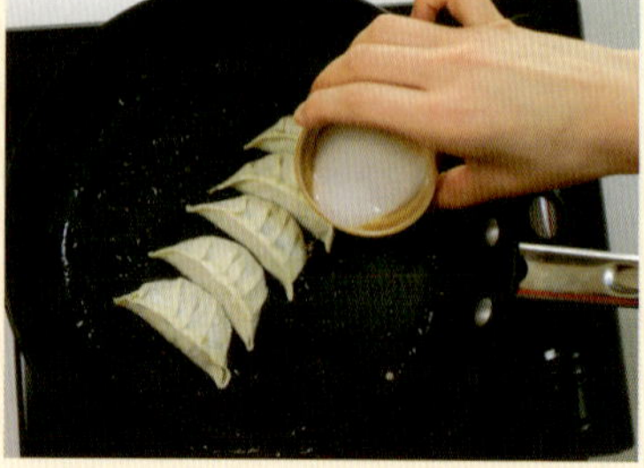

衣に2種類のスプラウトを混ぜ込んでみました。
栄養がアップするだけでなく、仕上がりもキレイです。

天ぷら変わり衣

材料（4人分）

無頭エビ……………………12尾
スーパースプラウト……1/2パック
スプラウト（レッドキャベツ）1/4パック
A　小麦粉…………………1/2カップ
　　卵……………………………1個
　　水……………………1/3カップ
揚げ油…………………………適宜
レモン………………………1/2個

エネルギー 252kcal　塩分 0.7g　調理時間 20分

作り方

1 エビは背わたを取り、尾の一節を残して殻をむく。
2 スプラウトは各々細かく切る。
3 Aを混ぜてスプラウトを各々混ぜ、二種の衣を作る。
4 **1**に**3**の衣をつけて（写真）中温の油で揚げ、くし形に切ったレモンを添える。

POINT
●エビは尾に切り込みを入れて、中の水を包丁でしごいて出します。背わたはアレルギー反応を起こしやすいので、必ず取りましょう。

栄養一口メモ：スーパースプラウトに多く含まれている抗酸化物質スルフォラファンは、熱に強いので、天ぷらの衣にもぴったりです。

濃厚な味わいのハマチには、清涼感のあるスーパースプラウトと
香り爽やかなオレンジがよく合い、さっぱりと仕上げてくれます。

ハマチのカルパッチョ・オレンジソース

材料（4人分）

ハマチ刺身……………………160g
玉ねぎ…………………………1/4個
レッドオニオン………………1/4個
スーパースプラウト ……1パック
A　オレンジジュース ……大さじ3
　　マヨネーズ…………大さじ1/2
　　しょうゆ……………小さじ1/2
　　こしょう…………………少々

エネルギー 147kcal　塩分 0.2g　調理時間 10分

作り方

1 ハマチは5mm厚さに切る。玉ねぎ・レッドオニオンはみじん切りにする。
2 器に半量のスプラウトを敷き、ハマチを並べる。
3 玉ねぎと残りのスプラウトを飾り、Aを混ぜ合わせたオレンジソースをかける。

POINT
●器はしっかり冷やしておきましょう。オレンジソースは白身魚にもよく合います。

栄養一口メモ：ハマチの脂肪には血液の流れをスムーズにするEPAや、記憶力の向上に役立つDHAがたっぷり含まれています。

栄養豊富なさつまいもの皮を使った炒め物。ピーナッツバターを使ってちょっとエスニックな味付けにすると、冷めてもおいしくいただけます。

さつまいもと牛肉の炒め物

材料（4人分）

牛もも薄切り肉 ············200g
A 酒 ··················大さじ1
　しょうゆ ············大さじ1
さつまいもの皮 ············200g
油 ·····················大さじ1
B ピーナッツバター（無糖）大さじ2
　酒 ··················大さじ1
塩・こしょう ··············各少々
スーパースプラウト ······1パック
ほうれん草（サラダ用） ······4枚

エネルギー 285kcal
塩分 1.0g
調理時間 20分

作り方

1 牛肉は細切りにしてAで下味をつけておく。さつまいもは厚めに皮をむき、せん切りにして水に漬けておく（写真a）。
2 フライパンに油を熱し、牛肉を炒める。色が変わったらさつまいもの皮を加えてさらに炒める。
3 火が通ったらBを合わせたものを加え、塩・こしょうで味を調える。
4 仕上げにスプラウトを入れてさっと炒め（写真b）、ほうれん草を敷いた器に盛り付ける。

a

b

POINT
● ピーナッツバターを加えると焦げつきやすくなるので、火加減には注意しましょう。さつまいもの皮に芯が少し残る程度で火を止め、後は余熱で火を通せば、ちょうどよい食感になります。

栄養一口メモ： さつまいもには食物繊維が多いのですが、特に皮の周りのヤラピンは緩下作用（腸の中を緩め便通を促す作用）があります。

スプラウトのほのかな辛味を活かした一品。
おもてなし料理にもおすすめです。

グリルドビーフ

材料（4人分）

油……………………大さじ1/2
牛かたまり肉……………300g
スーパースプラウト……1/3パック
にんにく…………………1かけ
塩……………………小さじ1/2
こしょう……………………少々
粒マスタード…………大さじ1/2
きゅうり……………………1本
みょうが……………………2本
オリーブ……………………3個

エネルギー 169kcal
塩分 0.8g
調理時間 15分

作り方

1 フライパンに油を熱し、牛肉の表面に焼き色がつくまで焼いたら薄く切る。
2 スプラウトはみじん切りにし（写真ａ）、にんにくは薄切りにして、塩・こしょう・粒マスタードで和える。
3 **1**に**2**を手でもみこむ（写真ｂ）。
4 器に**3**を盛り、きゅうりとみょうがのせん切り、オリーブのみじん切りを添える。

a

b

栄養一口メモ：牛肉はたんぱく質が豊富で、体力の維持や、ホルモン・免疫物質を作るのにも重要な役割を果たしてくれます。スプラウトに豊富なビタミンCやカルシウムと一緒に摂って、ストレスへの抵抗力を高めましょう。

あっさり味のたらに、色とりどりの材料を加えました。
たらは脂肪含量が少なく低エネルギーなので、ダイエット中の方にもおすすめです。

たらのカラフルかぶら蒸し

材料（4人分）

たら……………………70g×4切れ
A 塩……………………小さじ1/2
　酒……………………大さじ1/2
きくらげ……………………2g
かぶ……………………300g（3個）
卵白……………………1個分
スーパースプラウト……1/2パック
生麸……………………60g
ぎんなん……………………8個
B だし汁……………………2/3カップ
　塩……………………小さじ1/2
　しょうゆ……………………小さじ1
片栗粉……………………小さじ1
すだち……………………1個

エネルギー 91kcal
塩　分 1.1g
調理時間 20分

POINT
- さわら、ひらめ、かれい、たいなどでもおいしく出来ます。強火で蒸しましょう。

作り方

1 たらはAで下味を付けておく。きくらげは水（分量外）で戻してせん切りにする。
2 かぶはすりおろして水気を切り、卵白を加えてからスプラウトときくらげを混ぜる。
3 皿にたらを並べて**2**をのせ（写真）、生麸・ぎんなんを飾って蒸し器で10分蒸す。
4 Bを火にかけ、沸騰したら同量の水（分量外）で溶いた片栗粉を加えてとろみをつける。
5 器に**3**を盛り、**4**をかけて切ったすだちを添える。

栄養一口メモ：淡泊な味のたらは、体内でカルシウムの吸収をよくするビタミンDが豊富。スーパースプラウトのビタミン各種とスルフォラファンのはたらきとともに、生活習慣病予防に効果的です。

加熱してもシャキシャキ感が残る、スプラウトの特性を活かしたグラタンです。
山芋に含まれるムチンは、アルコールから胃を守る効果があります。

とろろ明太のグラタン

材料（4人分）

山芋	300g
明太子	1腹
生クリーム	大さじ2
牛乳	大さじ2
塩	小さじ1/2
こしょう	少々
バター	小さじ1
しめじ	1/2パック
スーパースプラウト	2パック
粉チーズ	大さじ1
パセリ	適宜

エネルギー 118kcal

塩 分 1.8g

調理時間 15分

作り方

1 山芋は皮をむいてすりおろす。
2 明太子は身を出して、**1**・生クリーム・牛乳を合わせて塩・こしょうする。
3 グラタン皿にバターをぬり、小房に分けたしめじとスプラウトを入れ、**2**をかけて（写真）粉チーズを振る。
4 オーブントースターで色付くまで6分程焼き、パセリのみじん切りを飾る。

POINT
●山芋をおろすときは、目の細かいおろし金を使いましょう。

彩り鮮やか心も嬉しいもう一品

卵や豆腐、野菜を主とする料理にも、スプラウトは最適。
シャキッとした歯応えで、料理の味を引き立てます。

いつも食べている冷奴に、こんなアレンジはいかがでしょう。
生姜やにんにくで香り豊かに仕上げた肉味噌が、食欲をそそります。

肉味噌のせ変わり冷奴

材料（4人分）

ねぎ……………………10cm
生姜……………………1かけ
にんにく………………1かけ
ゴマ油…………………小さじ2
豚ひき肉………………80g
A テンメンジャン……大さじ2
　味噌…………………小さじ1
　しょうゆ……………少々
赤ピーマン……………1個
松の実…………………大さじ1
絹ごし豆腐……………1丁
スーパースプラウト……1パック

エネルギー 126kcal
塩分 0.7g
調理時間 15分

POINT
●松の実は乾煎りすることで香ばしさが増します。

作り方

1 ねぎ・生姜・にんにくはみじん切りにする。
2 フライパンにゴマ油を熱し、**1**を炒め香りが出たら、ひき肉を炒め、Aを加えて肉味噌を作る（写真）。
3 赤ピーマンはみじん切りにする。松の実は乾煎りしておく。
4 豆腐は4等分にし、**2**の肉味噌をのせ、**3**を飾る。
5 スプラウトを最後にのせて、少し崩しながらいただく。

栄養一口メモ：松の実は動脈硬化を予防するリノール酸・リノレン酸が多く、若返りビタミンのビタミンEが肌をきれいにし、老化予防も期待できます。また、にんにくの香り成分アリシンは、豚肉のビタミンB_1の吸収率を大幅にアップしてくれます。

卵の黄、トマトの赤、チーズの白、マッシュルームの黒、スプラウトの緑と
1品で5色の食材が食べられる、見た目も鮮やかなオムレツです。

チーズとスプラウトのオムレツ

材料（4人分）

チーズ	80g
トマト（湯むき）	1個
マッシュルーム	1/2パック
卵	8個
みりん	小さじ2
塩	少々
固形コンソメ	1個
スーパースプラウト	1パック
バター	小さじ4
オリーブオイル	小さじ4

エネルギー 310kcal

塩分 2.2g

調理時間 30分

作り方

1 チーズとトマトは1cm角に切る。
2 マッシュルームは軽く洗って薄切りにする。
3 卵・みりん・塩・コンソメ（砕いて）をボウルに入れてよく混ぜる。
4 **3**に**1**・**2**・スプラウトを加えて混ぜる。
5 フライパンを熱してバター・オリーブオイルを小さじ1ずつ入れ、**4**を1人分入れる。
6 固まってきたら軽くかき混ぜながらフライパンの端に寄せる（写真a）。
7 フライパンの柄を軽くたたきながら卵を返し、形を整える（写真b）。

POINT

●火を強くし過ぎると表面がこげ、逆に火が弱過ぎると卵が固まらず、きれいな形に仕上がりません。中火くらいにしておき、強過ぎると感じたらフライパンを火からずらせば、火加減を気にすることなく作れます。小さめに作って中まで火を通して、お弁当のおかずにもどうぞ。

電子レンジで手軽にできる茶碗蒸し。
とろみのあるあんをかけていただきましょう。

牛乳茶碗蒸し・カニあんかけ

材料（4人分）

卵 ························2個
牛乳 ···············2 1/2カップ
A だし汁 ············1/2カップ
　みりん ··············大さじ2
　しょうゆ ············大さじ1
きくらげ ····················2g
カニ缶 ····················60g
スーパースプラウト····1/2パック
片栗粉 ···············大さじ1/2

エネルギー 130kcal
塩　分 1.2g
調理時間 15分

作り方

1 ボウルに卵を溶きほぐし、牛乳を加えてよく混ぜ、器に入れる。
2 ラップをして（写真）、電子レンジで4～5分加熱する。
3 Aを火にかけ、水（分量外）で戻したきくらげ・カニ缶（汁ごと）を加えて火を通す。
4 スプラウトを少量残して加え、同量の水（分量外）で溶いた片栗粉でとろみをつけ、**2**にかける。
5 残りのスプラウトを散らす。

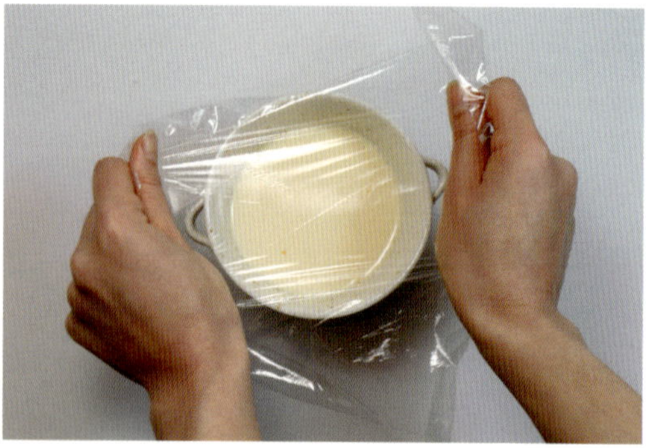

POINT
● 卵と牛乳を合わせて一度こすと、なめらかな口あたりに仕上がります。

栄養一口メモ：スーパースプラウトの抗酸化物質スルフォラファンは、熱には強い一方、水に溶けやすいので、スープなどに加えるときは、汁をすべて利用するようにしましょう。茶碗蒸しの上にかけるあんにスーパースプラウトを使い、無駄なく食べられるようにしました。

豆腐料理にうなぎとスプラウトを使い、栄養バランスのよい一品に仕上げました。
疲労回復にも効果が期待できるメニューです。

豆腐とうなぎの重ね蒸し

材料（4人分）

絹ごし豆腐		1丁
うなぎ蒲焼		1尾
スーパースプラウト		1パック
卵黄		2個分
A	だし	1/2カップ
	みりん	大さじ1
	しょうゆ	大さじ1

エネルギー 165kcal

塩分 1.1g

調理時間 15分

作り方

1. 豆腐は1.5cmの厚さに切り、うなぎと大きさをそろえて切る。スプラウトは卵黄を混ぜる。
2. ラップを敷き、豆腐・スプラウト・うなぎ・スプラウトの順に2回重ね、しっかり包む（写真）。
3. 蒸し器で5分程蒸す。
4. 器に盛り付け、Aを煮立てたものをかける。

栄養一口メモ：淡泊になりがちな豆腐料理が、エネルギー代謝に欠かせないビタミンB群豊富なスプラウトと、うなぎの組み合わせにより、栄養バランスもよく、食べごたえある一品になります。

酒蒸しにスプラウトを加えて、彩りとシャキシャキ感をプラス。
あさりやエビの臭みも気にならず、彩りもきれいです

あさりとエビの酒蒸し

材料（4人分）

あさり……………………300g
水……………………1/3カップ
酒……………………1/3カップ
無頭エビ……………………8尾
赤唐辛子……………………2本
しょうゆ………………大さじ1
スーパースプラウト……1パック

エネルギー 92kcal
塩分 2.6g
調理時間 15分

作り方

1 あさりは洗い、水（分量外）につけて砂をはかせる（写真）。
2 鍋にあさりを入れ、水と酒を加えて5分置く。
3 **2**にエビと小口切りにした赤唐辛子を入れてフタをし、中火で蒸す。
4 しょうゆとスプラウトを加え、さっと火を通す。

POINT

●あさりは火にかける前に酒につけておくと、酒を吸い込んで、ふっくらと仕上がります。

栄養一口メモ： 鉄分豊富なあさりに、吸収力を高めるビタミンCの豊富なスプラウトを組み合わせました。あさりにはビタミンB_{12}の含有量も多く、スプラウトの葉酸と結びつくゴールデンコンビ。特に、貧血ぎみの方におすすめです。

モチモチ感がおいしい大根餅に、スプラウトやハムを加えてみました。
ポン酢でさっぱりといただきましょう。

大根餅

材料（4人分）

大根……………………150g
塩…………………小さじ2/3
スーパースプラウト……1/2パック
ハム ……………………30g
生しいたけ ………………20g
A 砂糖………………大さじ1
ゴマ油………………小さじ1
こしょう………………少々
白玉粉 …………………60g
片栗粉 …………………60g
油………………大さじ1/2
ポン酢……………………適量

エネルギー 163kcal
塩分 1.5g
調理時間 25分

POINT
●大根の水分によって、加える水の量やレンジの加熱時間を調節しましょう。

作り方

1 大根は粗みじんに切り、塩を振る。水気が出てきたら水2/3カップ（分量外）を加える。
2 スプラウト・ハム・しいたけはみじん切りにしてAで味付けし、**1**と白玉粉と片栗粉を加えて混ぜる（写真）。
3 耐熱皿に入れてラップをし、電子レンジで約3分加熱する。
4 フライパンに油を熱し、**3**を入れて両面に焼き色がつくまで焼く。ポン酢をつけていただく。

栄養一口メモ：大根には消化酵素であるアミラーゼが含まれており、食物の消化を助け、胸やけや胃もたれを防ぎます。

開いたイカに、スプラウト入りの練りうにを塗りながら炙りましょう。
芳ばしい香りが食欲をそそります。

イカの松風焼き

材料（4人分）

イカ ……………………… 1枚
塩 ……………………… 小さじ1/4
酒 ……………………… 大さじ1/2
スーパースプラウト …… 1/3パック
練りうに ……………… 大さじ1
卵黄 …………………… 1個分
けしの実 ……………… 大さじ1/2
サラダ菜 ……………… 2枚

エネルギー 47kcal
塩　分 0.6g
調理時間 30分

作り方

1 イカは薄皮をむき、表面に切れ目を入れて塩と酒で下味を付ける。
2 スプラウトはみじん切りにし、練りうにと卵黄を加えて混ぜる。
3 イカは金串を刺し、網の上で両面素焼きする。火が通ったら**2**を塗ってさらにあぶり（写真）、表面が乾けば再び塗る。これを2回繰り返す。
4 串を抜いて切り分け、けしの実を振り、サラダ菜を添える。

POINT
●練りうにを混ぜ合わせるとき、大根のへたで混ぜるとほどよい加減に練れます。

栄養一口メモ：イカの甘みはグリシン・アラニン・プロニンなどのアミノ酸によるものです。できるだけ鮮度のよいものを選びましょう。見分け方としては、黒褐色の表皮に小さな斑点があり、透明感のあるものがおすすめです。

揚げ卵とスプラウト入りのトマトソースが好相性。
朝食やブランチにおすすめのお洒落な一品です。

揚げ卵のトマト・スプラウトソース

材料（4人分）

卵	4個
揚げ油	適量
玉ねぎ	1/2個
にんにく	1かけ
スプラウト（マスタード）	1/2パック
ほうれん草	1束（200g）
バター	大さじ1/2
トマト水煮	160g
塩	小さじ1/2
こしょう	少々

エネルギー 188kcal　塩分 1.1g　調理時間 30分

栄養一口メモ：卵は9種類の必須アミノ酸をすべて含んだ理想的な食品で、ビタミン・ミネラル類も豊富です。ただし、コレステロールが多いので、動脈硬化・心臓疾患などの生活習慣病予防に効果的なスーパースプラウトとは、ベストな組み合わせといえるでしょう。

作り方

1 卵は170度の油の中に落とし入れ、箸でまとめながらきつね色になるまで揚げる（写真）。
2 玉ねぎ・にんにく・スプラウトはみじん切りにする。ほうれん草はゆでて3cm長さに切る。
3 フライパンにバターを熱し、にんにく・玉ねぎを炒めてしんなりしたら、スプラウトとトマト水煮を加えて煮つめ、塩・こしょうで味を調える。
4 器にほうれん草を広げて**1**をのせ、**3**をかける。

トマトソースで味付けしたポテトとスプラウトを、油揚げに入れて焼きます。
とろりと溶けたチーズがたまりません。

ポテトとチーズの油揚げ詰め

材料（4人分）

- 油揚げ……………………4枚
- スーパースプラウト……1/2パック
- 冷凍ポテト ………………80g
- トマトソース …………大さじ4
- 塩・こしょう……………各少々
- ピザ用チーズ ……………30g

エネルギー 146kcal
塩分 0.6g
調理時間 20分

POINT
●油揚げは上からすりこぎを転がすと、きれいに開きます。

栄養一口メモ：油揚げは薄い豆腐を揚げたもので、たんぱく質・ビタミンE・カルシウムが含まれます。その油揚げにカリウム豊富なじゃがいも、カルシウム豊富なチーズ、スーパースプラウトをつめた一品は、栄養バランスが最良です。

作り方

1. 油揚げは熱湯（分量外）にくぐらせて油抜きし、半分に切って袋に開く。
2. スプラウトは1cm長さに切る。
3. ポテトと**2**をトマトソースで和え、塩・こしょうして**1**につめる（写真）。
4. チーズをのせてオーブントースターで6分程焼く。

シャッキリさっぱりサラダ＆和え物

サラダや和え物は、スプラウトの得意料理。
いつもの材料にプラスするだけで、爽やかな味と彩りが楽しめます。

栄養バランス抜群のカラフルサラダ。
豚肉が入ってボリュームもたっぷりです。

5色の豚しゃぶサラダ

材料（4人分）

豚もも薄切り肉		120g
卵		1個
乾燥ひじき		2g
棒寒天		1/2本
赤ピーマン		20g
スーパースプラウト		1パック
A	レモン汁	大さじ1/2
	酢	大さじ1/2
	砂糖	大さじ1
	しょうゆ	大さじ1
	白ごま	大さじ1
レタス		2枚

エネルギー 104kcal

塩分 0.7g

調理時間 20分

b

作り方

1 豚肉はゆでて細切りにする。卵は薄焼きにしてせん切りにし、錦糸卵にする。ひじきは水（分量外）で戻してゆでる。寒天は水（分量外）で戻し、水気を絞って手でさく（写真a）。赤ピーマンはせん切りにする。

2 **1**とスプラウトを、Aを混ぜ合わせたドレッシングで和える（写真b）。

3 レタスを敷いた器に盛り付ける。

a

栄養一口メモ：豚肉は脂っぽくコレステロールが多いというイメージをもたれがちですが、実際はビタミンB群が多く、疲労倦怠、イライラ、ストレスの解消にも効果的なヘルシーな食品です。寄生虫がつきやすいので、中まで火を通してから食べるようにしましょう。

レタスを丸ごと使った豪快なサラダは、簡単＆スピーディー。
熱々のドレッシングをかけていただきましょう。

丸ごとレタスのホットドレッシング

材料（4人分）

レタス……………………1個
スーパースプラウト……1パック
にんにく…………………2かけ
A ｜オリーブオイル……大さじ2
　｜バルサミコ…………大さじ4
　｜塩……………………小さじ1/2

エネルギー 70kcal
塩　分 1.0g
調理時間 3分

作り方

1 レタスは芯をくり抜いて（写真）、十字に切れ目を入れて皿に盛る。レタスの上にスプラウトを散らす。
2 にんにくは薄切りにし、Aと一緒にフライパンで熱する。
3 熱々の**2**を**1**にかける。

POINT
- ドレッシングは、かけたときにジュッと音がするくらいまで熱しましょう。

栄養一口メモ：レタスは水分が多く利尿作用のある野菜です。また、安眠をもたらすラクッコピコリンという物質が多いので、紀元前から安眠のための野菜として食べられていました。スーパースプラウトとレタスは熱をかけてもシャキシャキ感が失われにくいので、このサラダに適した食材です。

グレープフルーツとコクのあるチーズのサラダに、フルーティーなドレッシングをかけます。
スプラウトの軽い辛みも加わり、爽やかな風味です。

グレープフルーツとチーズのサラダ

材料（4人分）

グレープフルーツ …………2個
にんじん ………………60g
A ヨーグルト ……………大さじ2
　油 ………………………大さじ1
　グレープフルーツの果汁……大さじ1/2
　酢 ………………………大さじ1
　塩………………………小さじ1/3
スーパースプラウト……1/2パック
レーズン ………………20g
エンダイブ ……………40g
カッテージチーズ………100g

エネルギー 80kcal
塩分 0.5g
調理時間 7分

作り方

1 グレープフルーツは横半分に切って果肉を取り出し、一口大に切り、出た果汁はとっておく。にんじんはせん切りにする。
2 Aの材料を混ぜ合わせ、スプラウト・レーズン・**1**を和える（写真）。
3 エンダイブを敷いた上にグレープフルーツの皮の器をのせ、**2**を盛り、カッテージチーズとスプラウト少量をのせる。

POINT

● レーズンは、あらかじめドレッシングに漬けておくと柔らかくなります。

栄養一口メモ：グレープフルーツに含まれるペクチンの多糖体は、血中コレステロールを大幅に減らし、動脈硬化の改善にも役立ちます。また、軽い酸味と苦味で爽やかな気分になり、風邪やストレスの予防にもおすすめです。

なめこのみぞれ和えにも、スプラウトがおすすめ。
チコリなどの上にのせると、おもてなしメニューにもなります。

スプラウトとなめこのみぞれ和え

材料（4人分）

生なめこ ……………1袋（100g）
しょうゆ ………………小さじ1
大根 ……………………400g
A 酢 …………………大さじ4
　砂糖…………………大さじ1 1/2
　塩 ……………………小さじ1/5
　だし汁………………大さじ1/2
スーパースプラウト……1/2パック
柑橘類の皮………………適量

エネルギー 54kcal
塩分 0.4g
調理時間 10分

作り方

1 なめこは火が通る程度にさっとゆで、ザルにあげる。熱いうちにしょうゆをかけてすぐに水気を切っておく。
2 ふきんの上にそのまま大根をすりおろし（写真）、少し水気を残すくらいに絞る。
3 Aの材料を一度火にかけ、冷ましておく。
4 **1**・**2**・スプラウト・細く切った柑橘系の皮と**3**を合わせる。

POINT
●大根のビタミンCは酸化しやすいので、食べる直前におろすのがポイントです。なめこは熱いうちにしょうゆ洗いをして水気を切りましょう。

栄養一口メモ：大根には特有の辛味成分であるイソチオシアネートというイオウ化合物があり、食道・大腸・肝臓などのがん予防に効果があるといわれています。また、お酢と和えることで、ビタミンCの酸化が防げます。

さっぱりとしたそばの和え物は、油っこい料理の箸休めに最適。
スプラウトが薬味として味を引きしめてくれます。

スプラウトとそばのごま和え

材料（4人分）

そば（乾麺）	60g
スプラウト（ブロッコリー）	1/2パック
黒ごま	大さじ2
だし汁	大さじ1
しょうゆ	大さじ1
長ねぎ（白髪）	1/4本

エネルギー 88kcal
塩分 0.8g
調理時間 15分

作り方

1 そばは固めにゆで2cm長さに切る。スプラウトはさっとゆで、半分に切る。ごまは煎ってする。
2 だし汁としょうゆとごまを合わせ、そばとスプラウトを入れて混ぜ（写真）、白髪ねぎを飾る。

POINT
- そばはしっかり水気を切り、食べる直前に和えましょう。

栄養一口メモ：そばにはルチンという成分が多く含まれており、毛細血管強化をはじめ、血圧降下、記憶力の向上などに効果があります。

イカのくん製を利用した、簡単スピードメニュー。
具だくさんで、栄養はもちろん、見た目も良い和え物です。

イカくん製の三杯酢和え

材料（4人分）

イカくん製	40g
セロリ	60g
乾燥ワカメ	2g
トマト	80g
コーン	20g
スーパースプラウト	1/2パック
A 酢	大さじ2
だし汁	大さじ1
塩	小さじ1/4
砂糖	大さじ1/2

エネルギー 50kcal　塩分 0.8g　調理時間 5分

作り方

1 イカくん製は食べやすく切る(写真)。セロリは筋を取り、薄切りにする。ワカメは水（分量外）で戻す。トマトは種を除いて角切りにする。コーンはゆでる。

2 1とスプラウトを、合わせておいたAで和える。

栄養一口メモ：イカは血中のコレステロールを減らし、血圧を正常に保ち中性脂肪を少なくするタウリンが豊富に含まれているので、安心して利用できます。また、たんぱく質の組成が良質で脂質は少ないので、低カロリーでウェイトコントロールしている方にもおすすめです。

長芋とスプラウトのシャキシャキとした食感の共演メニュー。
疲労回復におすすめの一品です。

長芋とスプラウトの梅肉和え

材料（4人分）

長芋……………………280g
梅肉 …………………大さじ2
砂糖 …………………大さじ1
酢 ……………………大さじ3
スーパースプラウト…1/2パック
すだちの絞り汁……大さじ1/2

エネルギー 53kcal
塩分 0.9g
調理時間 7分

作り方

1 長芋は、短冊切りにする。
2 梅肉に砂糖・酢をよく混ぜる。
3 スプラウトと長芋を混ぜ、上から**2**とすだちの絞り汁をかける。

栄養一口メモ：長芋のヌルヌルしたぬめりには、ムチンという成分が含まれており、粘膜を潤し保護するはたらきがあるので、疲れた胃を助け、疲労回復に効果的です。また、梅肉のクエン酸は糖の代謝を良くします。スーパースプラウトのビタミン類との相乗効果で、一層、疲れの回復に効果を発揮します。

すっきりスープ＆汁物

スーパースプラウトの抗酸化物質は熱に強いので、熱々のスープや汁物にもおすすめ。
ただし、色や歯応えを活かしたい場合は、仕上げに加えるのがポイントです。

カレー風味のマイルドなポタージュは、黄色が鮮やか。
仕上げはたっぷりのスプラウトです。

鶏のカレーポタージュ

材料（4人分）

スーパースプラウト……1パック
鶏もも肉………………100g
玉ねぎ…………………1/4個
じゃがいも……………100g
バター…………………大さじ2
小麦粉…………………大さじ1
カレー粉……………大さじ1/2
コンソメ………………1個
牛乳……………………2カップ
ヨーグルト…………2/3カップ
塩……………………小さじ2/3
こしょう………………少々

エネルギー 177kcal
塩分 1.4g
調理時間 25分

POINT
●カレー粉を入れるとき、空煎りしてから使うと風味が一層よくなります。

作り方

1 スプラウトは飾り用に少しとっておき、残りは1cm長さに切る。鶏肉・玉ねぎ・じゃがいもは1cm角に切る。
2 鍋を熱してバターを溶かし、玉ねぎ・じゃがいもを炒める。
3 しんなりしたら鶏肉を入れ、焼き色がついたらスプラウト・小麦粉・カレー粉を加えて（写真）さらに炒める。
4 水2カップ（分量外）とコンソメを加えて弱火で15分程煮、牛乳を加えてひと煮立ちさせる。
5 ヨーグルトを混ぜて塩・こしょうで調味し、器に注いでスプラウトを飾る。

栄養一口メモ：カレーの辛さを担う主役は唐辛子、色付けの主役はターメリックです。一般のカレー粉は、インド料理に使われる混合スパイスのガラム・マサラをアレンジしたもので、風味とともに体脂肪燃焼効果があるといわれています。

すりおろしたれんこんのネバネバと、やわらかいおぼろ豆腐の組み合わせが、
クセになるおいしさです。

おぼろ豆腐の味噌汁

材料（4人分）

だし汁 ……………………4カップ
れんこん……………………100g
油揚げ……………………1/2枚
おぼろ豆腐……………1/2パック
味噌 ………………………50g
スーパースプラウト……1/2パック

エネルギー 78kcall
塩分 1.5g
調理時間 10分

作り方

1 沸騰しただし汁にれんこんをすりおろし（写真）、細かく切った油揚げと、崩したおぼろ豆腐を入れる。
2 味噌を溶き入れて、スプラウトを加える。

栄養一口メモ：味噌汁は大豆たんぱく質の抗ガン作用で、胃がんを予防するといわれています。またれんこんはすりおろすことで、滋養強壮効果のあるムチンというネバネバ成分が生まれます。

濃厚なスープとスプラウトの爽やかさがよく合います。
夏向きの涼しげな一品です。

コンソメ・ゼリースープ

材料（4人分）

スーパースプラウト‥1 1/2パック
にんじん ‥‥‥‥‥‥‥‥‥30g
玉ねぎ‥‥‥‥‥‥‥‥‥‥1/2個
牛ひき肉‥‥‥‥‥‥‥‥‥150g
卵白 ‥‥‥‥‥‥‥‥‥‥1個分
固形スープ ‥‥‥‥‥‥‥‥‥1個
塩・こしょう‥‥‥‥‥‥‥各少々
粉ゼラチン ‥‥‥‥‥‥‥‥‥10g
白ワイン ‥‥‥‥‥‥‥‥大さじ3

エネルギー 77kcall
塩 分 1.8g
調理時間 20分

作り方

1 スプラウトは飾り用を残しておく。にんじん・玉ねぎは薄切りにし、残りのスプラウト・牛ひき肉・卵白・固形スープとともに水8カップ（分量外）に入れ、弱火で煮つめる。
2 半量程度になり、汁が澄んできたら布でこし（写真）、塩・こしょうで味を調える。
3 粉ゼラチンは白ワインでふやかし、**2**に加える。
4 粗熱を取って冷蔵庫で冷やし固める。
5 トロッとなったら器に崩し入れ、スプラウトを飾る。

POINT
●卵白を入れると、アクが寄せ集められ、きれいなスープが出来上がります。

さっぱりとしたレモン入りのコンソメスープ。
スプラウトは盛り付けるときにのせると、きれいな色合いになります。

レモン風味の温スープ

材料（4人分）

ホールトマト……………1/2缶
玉ねぎ…………………1/2個
しめじ　………………50g
コンソメ………………1個
水…………………6カップ
レモン…………………1/2個
こしょう………………少々
スーパースプラウト……1パック

エネルギー 35kcal
塩　分 0.8g
調理時間 10分

栄養一口メモ：レモンといえば、ビタミンCの代名詞。風邪の予防や肌を美しくする効果も。軽く煮ることで、スープに程よい酸味をプラスし、塩分も抑えることができます。

作り方

1 ホールトマトは粗く切り、玉ねぎはスライス、しめじは小房に分ける。
2 鍋にコンソメ・水・**1**を入れ、火にかける。
3 野菜がある程度やわらかくなってきたら、レモンのスライスとこしょうを加え（写真）、軽く煮る。
4 スープ皿に盛り、スプラウトをたっぷりのせる。

牛乳入りの汁は、まろやかな味ととろみが魅力。
他の材料と一緒に、スプラウトもミキサーにかけて作ります。

スプラウトの牛乳とろろ汁

材料（4人分）

長芋……………………280g
スーパースプラウト……1/2パック
牛乳……………………2カップ
だし汁…………………2カップ
味噌……………………大さじ2

エネルギー 130kcal
塩分 1.1g
調理時間 10分

栄養一口メモ：牛乳には日本人に不足しがちなカルシウムが多く含まれています。牛乳のカルシウムは吸収もよいので、飲用やデザートだけでなく、お料理にも積極的に使いたいものです。

作り方

1 長芋は皮をむき、適当な大きさに切る。
2 少量のスプラウトを残し、**1**と全ての材料をミキサーに1分程かける（写真）。
3 鍋に**2**を入れて温め、器に入れ、残りのスプラウトを刻んで飾る。

バランスのよいご飯・麺・パンメニュー

炭水化物に偏りがちなメニューには、スプラウトをたっぷりプラスしましょう。
栄養だけでなく、彩りもアップします。

鯛の刺身と野菜をご飯にのせた鯛飯は、簡単なのに贅沢な気分になれる一品。
卵黄入りの甘辛いたれは、一度にかけず、お好みの量を調節しながら食べましょう。

さつま風鯛飯

材料（4人分）

ご飯 ········茶碗4杯分（800g）
スーパースプラウト ······1パック
刻み海苔····················適量
青しそ ·····················4枚
大根・にんじん（白髪）····各適量
鯛刺身····················280g
A　だし汁············1/3カップ
　　みりん··········大さじ1 1/2
　　砂糖 ···············大さじ1
　　しょうゆ ············大さじ3
卵黄 ·····················4個分
白ごま··············大さじ1 1/2

エネルギー 543kcall
塩分 2.1g
調理時間 10分

作り方

1 丼にご飯を盛り、スプラウト・刻み海苔を飾る。
2 皿に青しそ・白髪大根・にんじんを敷いて鯛の刺身を盛り付ける。
3 Aは鍋でひと沸かししておく（写真）。冷めたら卵黄とごまを加える。
4 **1**の上に**2**をのせて、混ぜ合わせた**3**をかけて食べる。

栄養一口メモ： 鯛は脂質が少なく栄養価の高いたんぱく質を含み、消化吸収がよいので子どもやお年寄りにもおすすめ。また、生活習慣病の予防にも効果的な魚です。

漬物やちりめんじゃこを利用して作る、簡単でスピーディーなお寿司です。
彩りもキレイなので、お弁当などにもおすすめ。

スプラウトと漬物の混ぜ寿司

材料（4人分）

A
- 酢 ……………………大さじ4
- 砂糖…………………大さじ1 1/2
- 塩 ……………………小さじ1/2

ちりめんじゃこ …………60g
スーパースプラウト ……1パック
たくわん ………………40g
しば漬け ………………40g
ご飯 ………茶碗4杯分（800g）
刻み海苔……………………適量
白ごま ……………………大さじ1

エネルギー 393kcal
塩分 1.5g
調理時間 20分

作り方

1 Aを火にかけ、調味料が溶ける程度に温める。
2 熱湯（分量外）をかけたちりめんじゃことスプラウトを**1**に漬け込んでおく。
3 漬物はせん切りにする。
4 ご飯に**2**を合わせてすし飯を作り、**3**を混ぜる（写真）。
5 器に盛り、海苔・ごまを飾る。

栄養一口メモ：日本古来の漬物は、発酵によって乳酸菌が増え、お腹の調子を調えてくれるうえ、野菜も生で食べるよりたくさん食べることができます。白米は玄米に比べビタミン・ミネラル・食物繊維が少ないのですが、スーパースプラウトと組み合わせることにより、栄養価のバランスがよくなります。

冷たい汁をご飯にかけて食べる、鹿児島名物の冷や汁。
ご飯は麦飯でも、おいしくできます。

スプラウトの冷や汁（さつま汁）

材料（4人分）

白身魚……………………200g
こんにゃく ………………80g
麦味噌 ……………………50g
白味噌 ……………………50g
白ごま ……………………大さじ1
だし汁……………3 1/2カップ
スーパースプラウト ……1パック
ご飯 ……茶碗4杯分（800g）
みかんの皮………………適宜

エネルギー 477kcal　塩分 2.1g　調理時間 30分

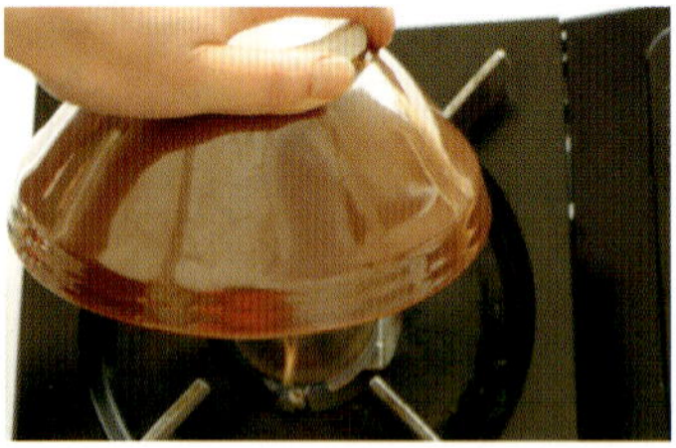

作り方

1 魚は焼いて熱いうちに身をほぐす。こんにゃくはせん切りにしてゆでる。
2 すり鉢に味噌・魚・ごまを入れてよくすり混ぜる。
3 コンロの上に**2**を逆さに置いて、きつね色になるまで火であぶる（写真）。
4 **3**をだし汁でのばし、スプラウトとこんにゃくを入れてご飯にかけ、みかんの皮のせん切りを飾る。

栄養一口メモ：味噌のたんぱく質は発酵によってアミノ酸に分解されているので消化がよく、必須アミノ酸の含有量も卵に匹敵するほど。また、発酵に関わった乳酸菌などの微生物は、整腸をはじめとする体調維持に効果的です。

体によいお茶の葉を、粉末にしてスパゲティにからめました。
日本茶の豊かな風味とスプラウトの軽い苦味がよく合います。

お茶スパゲティ

材料（4人分）

煎茶（粉末の状態で）	大さじ1 1/3
しめじ	80g
フルーツトマト	2個
スパゲティ	300g
オリーブオイル	大さじ1
昆布茶	大さじ1/2
酒	大さじ1
スーパースプラウト	1パック

エネルギー 331kcal　塩分 1.0g　調理時間 15分

作り方

1 煎茶はミキサーで粉末にしておく（写真）。しめじは小房に分ける。フルーツトマトは粗みじんに切る。
2 鍋にたっぷりの湯（分量外）を沸かし、塩少々（分量外）を入れてスパゲティをゆでる。
3 フライパンにオリーブオイルを熱し、しめじを炒めて**2**を加える。
4 煎茶・昆布茶・酒を加えて味付けし、スプラウトを加える。
5 器に盛り付けてフルーツトマトを飾る。

栄養一口メモ：日本茶は抗酸化力の強いカテキンが豊富。カテキンには生活習慣病予防効果や脂肪燃焼作用があり、飲むだけでなく食べてもよい食材なのです。

ピリッと辛い味付けで、そうめんをスパゲティ風にアレンジ。
麺類の中でも中力粉で作るそうめんは、消化がよく食べやすいので、食欲不振時に最適です。

炒めそうめん

材料（4人分）

そうめん	4束
卵	1個
ベーコン	2枚
エリンギ	1本
にんにく	1かけ
生姜	1/2かけ
赤唐辛子	1本
オリーブオイル	大さじ1
スーパースプラウト	1パック
塩・こしょう	各少々
しょうゆ	大さじ1/2

作り方

1 そうめんは固めにゆでる。卵は炒り卵にする。ベーコンは1cm幅に、エリンギは薄切り、にんにく・生姜はみじん切りにする。赤唐辛子は小口切りにする。

2 フライパンにオリーブオイルを熱し、にんにく・生姜・赤唐辛子を炒め、香りが出たらベーコンとエリンギを加える。

3 火が通ったらそうめんとスプラウトを入れ、塩・こしょう・しょうゆで調味する（写真）。

4 器に盛り、炒り卵を飾る。

エネルギー 260kcal

塩　分 1.4g

調理時間 20分

パンとスプラウトの芳ばしさがたまりません。
マヨネーズの油がほどよくからみ、たっぷりと食べられます。

ブルスケッタ

材料（4人分）

マヨネーズ（カロリー1/2タイプ）････大さじ4
スーパースプラウト ･･････1パック
こしょう･････････････････････少々
フランスパン（スライス）･･8切れ
生野菜（サニーレタス・ルッコラ・バジル等）適量

エネルギー 170kcal
塩分 0.9g
調理時間 8分

作り方

1 マヨネーズ・スプラウト・こしょうを混ぜる。
2 フランスパンに**1**を塗り（写真）、トーストする。
3 生野菜と盛り合わせる。

栄養一口メモ：マヨネーズをバターやマーガリンに変えれば、脂肪分がカットでき、エネルギーも抑えられます。パンをサイコロ状にカットして生野菜と和え、卵をのせて、サラダ風にしてもいいでしょう。

具だくさんのサンドイッチに、さらにスプラウトをプラス。
時間がたっても歯応えが残り、シャキシャキ感が楽しめます。

パニーニサンドイッチ

材料（4人分）

パニーニ用パン	4個
バター	大さじ1
卵	2個
油	小さじ1
塩・こしょう	各少々
ベーコン	2枚
レタス	60g
スプラウト（クレス）	1パック
とろけるチーズ	60g
サルサソース	大さじ4

エネルギー 350kcal　塩分 1.7g　調理時間 20分

作り方

1 パンを半分に切り、内側にバターを塗る。
2 卵は油をひいたフライパンでスクランブルエッグにし、塩・こしょうする。ベーコンはフライパンで両面焼く。レタスの半量はざく切りにする。
3 **1**にスプラウト・**2**・チーズ・サルサソースをつめ（写真）、オーブントースターでチーズが溶ける程度に温める。
4 皿に盛り、残りのレタスを付け合せる。

栄養一口メモ：サルサソースにも使われているトマトは、カリウム・カロテンなどのビタミン・ミネラル類をはじめ、赤色成分のリコピンが多く、抗酸化作用の働きでがんの抑制に効果があるといわれています。スプラウトのスルフォラファンとともに、がん予防に効果的な一品です。

サッとできる簡単おつまみ

そのままでも食べられるスプラウトは、スピード料理の強い味方。
見た目もキレイで、お洒落な一品に仕上がります。

スプラウト入りのディップを作り、スティック野菜につけていただきます。
パーティーメニューにも最適。

ディップ3種

材料（4人分）

スーパースプラウト……1パック

A
- じゃがいも…………150g
- 明太子……………1/2腹
- マヨネーズ………大さじ1/2

B
- アボカド…………1/2個
- レモン汁…………小さじ1
- ヨーグルト………大さじ1/2

C
- クリームチーズ………60g
- レモン汁…………小さじ1
- スプラウト（レッドキャベツ）2g

きゅうり……………2本
にんじん……………1本

エネルギー 149kcal
塩分 0.7g
調理時間 20分

作り方

1. スプラウトはみじん切りにする。
2. Aの材料で明太ディップを作る。じゃがいもは丸ごとゆでて皮を取ってつぶし、中身を取り出した明太子とマヨネーズで和える。
3. Bの材料でアボカドディップを作る。アボカドは中身を取り出して（写真）レモン汁をかけ、つぶしてヨーグルトで和える。
4. Cの材料でクリームチーズディップを作る。チーズは室温でやわらかくし、レモン汁とみじん切りのレッドキャベツスプラウトを混ぜる。
5. ディップ3種に各々**1**を混ぜ、スティック状に切ったきゅうり・にんじんを添える。

POINT

- アボカドは変色しやすいので、レモン汁をかけておくとよいでしょう。

栄養一口メモ：アボカドはビタミンやミネラルをバランスよく備えた美容食。果肉の約20%が脂肪ですが、リノール酸やオレイン酸のためコレステロールの心配はなく、動脈硬化防止、老化防止に役立ちます。また、じゃがいもはビタミンCとカリウムを豊富に含んでいます。じゃがいものビタミンCは加熱しても壊れにくいので、幅広い料理に活躍します。

香り豊かなバジルと爽やかな食感のスプラウトを、納豆と混ぜ合わせます。
納豆の匂いが苦手な人にもおすすめ。

洋風納豆

材料（4人分）

スーパースプラウト……1パック
バジル……3枚
納豆……2パック
添付のたれ……2袋
ガーリックパウダー……少々
オリーブオイル……大さじ1/2

エネルギー 90kcal
塩　分 1.2g
調理時間 3分

作り方

1 スプラウトとバジルは刻む。
2 納豆をよくかき混ぜ、すべての材料を合わせる（写真）。

栄養一口メモ：納豆特有の臭いは、加熱することで抑えることができますが、納豆の成分として注目されているナットウキナーゼは熱に弱いのが難点。スプラウトやハーブと組み合わせることで、納豆の臭いをやわらげることができます。バジルは納豆には含まれていないカロテン、ビタミンCが豊富で、おいしくいただけるメニューです。

コリコリとした歯応えがおいしい砂肝を、酢やゴマ油で中華風に味付けしました。
お酒にもよく合います。

中華風砂肝

材料（4人分）

砂肝……………………200g

A
- だし汁……………大さじ1
- 砂糖………………大さじ1
- しょうゆ………大さじ1 1/2
- 酢……………大さじ1 1/2
- ゴマ油……………小さじ1
- ラー油………………少々

スーパースプラウト…1/2パック

エネルギー 74kcal

塩分 0.8g

調理時間 15分

作り方

1 砂肝はたっぷりのお湯でよくゆでて薄く切る（写真）。

2 Aを合わせてスプラウトと**1**を和える。

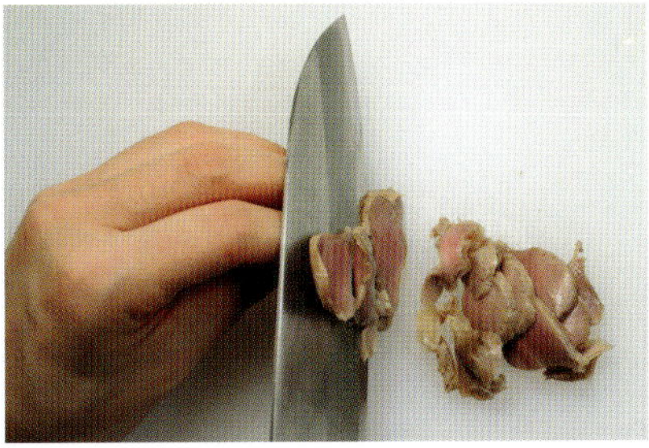

栄養一口メモ： 砂肝は胃を覆う厚い筋肉で、歯応えがあり臭みやクセが少ないため、食べやすい部位。低脂肪ですが、たんぱく質が豊富で胃液の分泌を促進し消化力を高めるので、胃弱の人におすすめです。

梅酢で味付けしたスプラウトを、ホタテの貝柱で巻きました。
前菜やワインのおともにおすすめ。

梅酢スプラウトの貝柱巻き

材料（4人分）

スーパースプラウト……1/2パック
梅肉……大さじ2
酢……大さじ2
生貝柱……8個
乾燥ワカメ……2g
にんじん……1/4本
きゅうり……1/4本

作り方

1 スプラウトは熱湯をかける。
2 梅肉と酢を混ぜたものに**1**を漬ける。
3 貝柱を2枚にそぎ切りにして**2**を巻く。
4 水で戻したワカメ、ピューラーでリボン状にしたにんじんときゅうりを盛り、**2**の梅酢をかけ、**3**をのせる。

エネルギー 65kcal
塩分 0.7g
調理時間 10分

栄養一口メモ： 梅の酸味（クエン酸）には、殺菌力、エネルギー代謝を活発にするなどのはたらきがあり、疲労回復にも役立ちます。さらには、酸味が唾液の分泌を促し、唾液に含まれているパロチンというホルモンのはたらきを促し、老化防止の効果もあります。梅を塩漬けにして1～2日すると、漬け液が表面まで上がってきます。この液を梅酢といいますが、有機酸がずば抜けて多く、中でもエネルギー代謝の要となる天然クエン酸が豊富で、血液をきれいにしてくれます。

スプラウトやにんじんをレタスで巻いて、即席漬けを作りましょう。
清涼感溢れるスプラウトとレタスがバランスよく、爽やかです。

レタスの即席包み漬け

材料（4人分）

にんじん ･････････････････60g
生姜 ････････････････････1かけ
スーパースプラウト ･････1パック
塩 ･･･････････････････小さじ1/2
レタス ･････････････････････4枚
A　砂糖 ･････････大さじ1 1/2
　　しょうゆ ･････････ 小さじ1
　　酢 ･････････････････大さじ3
　　ゴマ油 ･････････小さじ1 1/2

エネルギー 40kcal
塩分 0.8g
調理時間 20分
（漬けておく時間は除く）

作り方

1 にんじん・生姜はせん切りにし、スプラウトを加えて塩でもんでおく（写真）。
2 軽く水気を絞ってレタスで巻く。
3 Aを混ぜ合わせて漬け汁を作り**2**を20分程漬ける。
4 食べやすく切り、盛り付ける。

POINT
●レタスに具を置いてひと巻きし、両端を折ってしっかり巻いておくと、切っても崩れません。

元気になるヘルシーおやつ

クセのない風味のスプラウトは、甘味にもよく合います。
手軽に加えてシャッキリ感を楽しみましょう。

信州名物のお焼きの具に、スプラウトを加えました。
火を通しても、歯応えが楽しめます。

スプラウトとひき肉のお焼き

材料（4人分）

玉ねぎ……………………1/2個
にんじん …………………40g
きくらげ ………………… 2g
油 ……………………小さじ1
豚ひき肉 …………………60g
砂糖 …………………小さじ1
しょうゆ ………………大さじ1
スーパースプラウト ……1パック
A 小麦粉 ………………1カップ
　砂糖……………大さじ1/2
　塩………………小さじ1/2
　水………………1/4カップ
打ち粉用小麦粉……………適量
油 ……………………大さじ1

作り方

1 玉ねぎ・にんじんはみじん切りにする。きくらげは水（分量外）で戻してせん切りにする。
2 フライパンに油を熱し、豚ひき肉を炒め、色が変わったら玉ねぎ・にんじんを加える。砂糖・しょうゆで味付けし、きくらげとスプラウトを加えて冷ましておく。
3 ボウルにAの水以外を入れ、水を少しずつ加えながら耳たぶくらいのかたさに練り（写真）、ひとまとめにしてラップに包んで1時間程寝かせる。
4 **3**の生地をうずら卵大にちぎり、打ち粉をした板の上で軽くのばして**2**を包み込む。
5 再びフライパンに油を熱し、**4**の両面をこんがり焼き、水大さじ2（分量外）を加えてフタをし、蒸し焼きにする。

エネルギー 180kcal
塩分 0.9g
調理時間 1時間
（寝かし時間除く）

POINT
- 具を包んだ合わせ目は、しっかり閉じておきましょう。

栄養一口メモ：ひき肉のメニューは、噛む回数が少なくなりがち。きくらげやスーパースプラウトを入れて噛む回数を増やせば、肥満解消や呆け防止にもつながります。

黄色と紫のきんつばにハート型のスプラウトが加わって、
かわいらしい仕上がりです。食物繊維がいっぱいのおやつ。

二色きんつば

材料（4人分）

さつまいも	200g
紫いも	200g
スーパースプラウト	1/2パック
牛乳	1/4カップ
砂糖	大さじ2
塩	小さじ1/4
白玉粉	大さじ1
小麦粉	大さじ2
水	大さじ4
油	小さじ1

エネルギー 197kcal
塩分 0.3g
調理時間 30分

作り方

1 さつまいもと紫いもは皮をむいて1cm角に切り、各々水に漬けてアク抜きをする。
2 電子レンジで10分程加熱し、各々つぶす。
3 スプラウトは牛乳と砂糖で煮る。
4 **2**に**3**と塩を混ぜ合わせて四角く形作り（写真a）、白玉粉と小麦粉を水で溶いたものをつけ、油をひいたフライパンで焼く（写真b）。

a

b

POINT

- 表面が固まるまで手で押しつけるようにして焼くと、きれいに仕上がります。

栄養一口メモ：紫いもは、活性酸素から細胞膜や細胞内の遺伝子を守ってくれるアントシアニンによる鮮やかな発色で一躍有名になりました。また、ポリフェノールだけでなく、他のさつまいもと同じようにビタミンCやE・食物繊維・カリウム・ヤラピンなど、豊富な栄養素をもっている健康野菜なのです。

やわらかなプリンに加えた、スプラウトのシャキシャキとした歯応えがたまりません。
にがりを加えると、なめらかに仕上がります。

豆乳プリン・杏仁仕立て

材料（4人分）

豆乳（無調整）		2カップ
卵黄		4個分
砂糖		大さじ1
スーパースプラウト		1/3パック
にがり		大さじ1
A	はちみつ	大さじ2
	砂糖	大さじ1
	水	1カップ
	アーモンドエッセンス	少々
クコの実		適量

エネルギー 162kcal

塩分 0.3g

調理時間 20分

（冷やし時間を除く）

作り方

1 豆乳に卵黄・砂糖・スプラウト半量を混ぜ合わせ、ゆっくりかき混ぜながらにがりを加える（写真）。

2 耐熱カップに**1**を注ぎ、ラップをして電子レンジで3分程加熱し、粗熱を取って冷蔵庫で冷やす。

3 Aを鍋に入れて火にかけ、沸いたら残りのスプラウトとアーモンドエッセンスを加えて冷やす。

4 **2**に**3**を注いでクコの実を飾る。

栄養一口メモ：大豆の栄養成分を引き継いでいる豆乳は、血中コレステロール値を下げる役目の大豆たんぱく質、女性ホルモンとよく似たはたらきをするイソフラボンや鉄分が豊富です。また、スプラウトと同様にがんの発生を抑制する作用があるといわれています。

スプラウトの秘密

1 野菜でがんを予防

がんや高血圧、糖尿病、高脂血症、脳卒中、動脈硬化などは、食生活や嗜好品、環境、ストレスなどが影響して起こる生活習慣病です。

中でもがんは、年々増加傾向にあり、今では30歳から60歳に限って言えば死因のおよそ50%を占めるまでになっています。

これまでの研究の結果、食生活がこの病気の主な原因となっていることが分かってきました。このことは食生活の改善によりがんは予防できる可能性があるということを示しています。

食品が持っている栄養素やその機能性に関する研究は、世界中で盛んに進められています。とりわけ野菜の機能性に注目が集まっており、1990年にアメリカ国立がん研究所を中心にスタートしたデザイナーフーズ計画では、「がんを予防する機能が高い植物性食品およそ40品目」を特定し、重要度の順に表

タラレー博士

にまとめられています（右図）。

また近年では、五大栄養素以外のリコピン、アントシアニン、ポリフェノール、イソチアシアネートなどの「ファイトケミカル」と呼ばれる成分の機能性が明らかにされ、がん予防と野菜の関係が科学的に解明されつつあります。

こうした中、今、ブロッコリースプラウト（発芽野菜）に注目が集まっています。その

デザイナーズフーズピラミッド

— がん予防の可能性のある食品 —

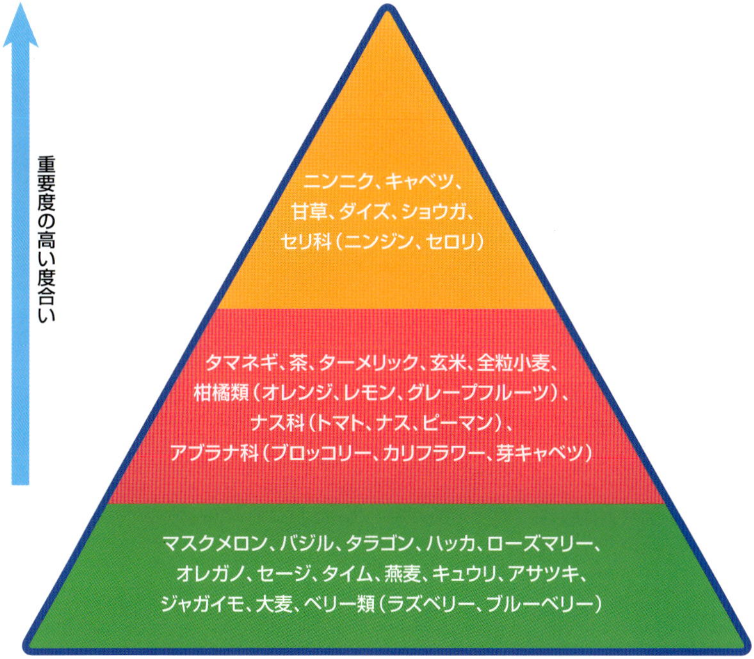

米国立がん研究所を中心に進められた「デザイナーフーズ・プログラム」で、疫学調査の結果から作られたピラミッド。上位にあるほど重要度は高いと考えられている。なお、枠の中に置かれている順序は、重要度とは関連しない。

理由は、1997年に開催された「疾病予防のための機能性食品」という国際会議で米国ジョンズ・ホプキンス医科大学教授のポール・タラレー博士が、この野菜の持つがん予防効果について画期的な研究成果を発表したからです。

2 ポール・タラレー博士の画期的発見

ポール・タラレー博士は、半世紀以上もがん研究に取り組んでこられました。博士ががんについての研究を始めた当時、がんについては予防という概念が希薄で、どう治療するかが研究の中心テーマでした。

しかし博士は、がん細胞が発達し、医師にがん宣告を受けるまでの期間が数年から10数年もの歳月を要することに着目しました。普通、がんは発見されて数年が勝負です。この間にほとんど生死が決まります。しかも遺伝子の異常が原因ですから完全に取り除くことは極めて困難です。

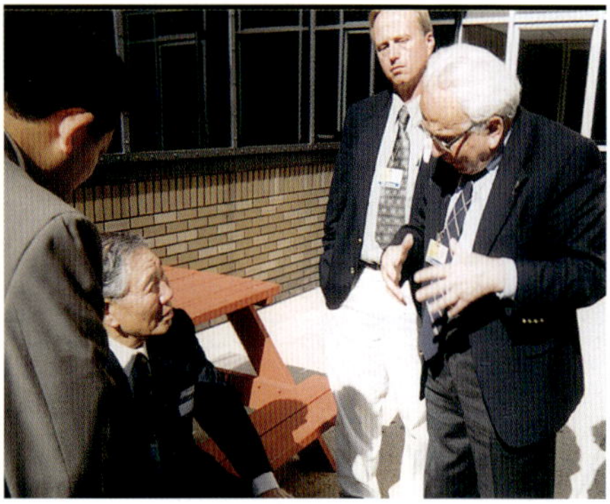

米国・ジョンズホプキンス医科大学のポール・タラレー博士と日本のスプラウト生産の第一人者、村上秋人氏（村上農園社長）

そこで博士は予防という考え方が重要だと考えました。これは決して治療を否定するものではなく、がんという病気は積極的に予防することが、何より大切だということです。

そして、ついにタラレー博士は植物の中に「スルフォラファン」というがん予防効果が期待できる物質を発見しました。スルフォラファンとはアブラナ科の野菜に含まれる物質で、ピリッとする辛みの元となる成分です。そしてスルフォラファンはアブラナ科野菜の中でも「ブロッコリー」に特に多く含まれることを見出したのです。

3 新しい機能性野菜の誕生

タラレー博士はさらにこの研究を継続しました。まず博士は、ブロッコリーの成長段階によってスルフォラファンのがん予防効果が違うのではないかと仮説を立て、種から栽培を開始したのです。その結果はさらに驚くべき内容でした。

特定の品種のブロッコリーを3日間栽培したスプラウトには成熟したブロッコリーの20倍から50倍ものスルフォラファンがあることがわかりました。

そして博士は、このブロッコリーの新芽を「ブロッコリー・スーパースプラウト」と名付けたのです。

4 スプラウトとは何か

スプラウトとは、英語で植物の種子が発芽した状態を指します。日本でも最近、スーパーの野菜売場で、ブロッコリーやマスタード、クレス、レッドキャベツなどのスプラウトが見られるようになりました。かいわれ大根もれっきとしたスプラウトです。

さて、国内で見かけるブロッコリーのスプラウトには、2つの種類があります。ひとつは、かいわれタイプの「ブロッコリー・スプラウト」(写真1)。これは、おなじみのかいわれ大根をひとまわり小さくし

写真1

成熟ブロッコリーとブロッコリー・スーパースプラウトの栄養素の比較

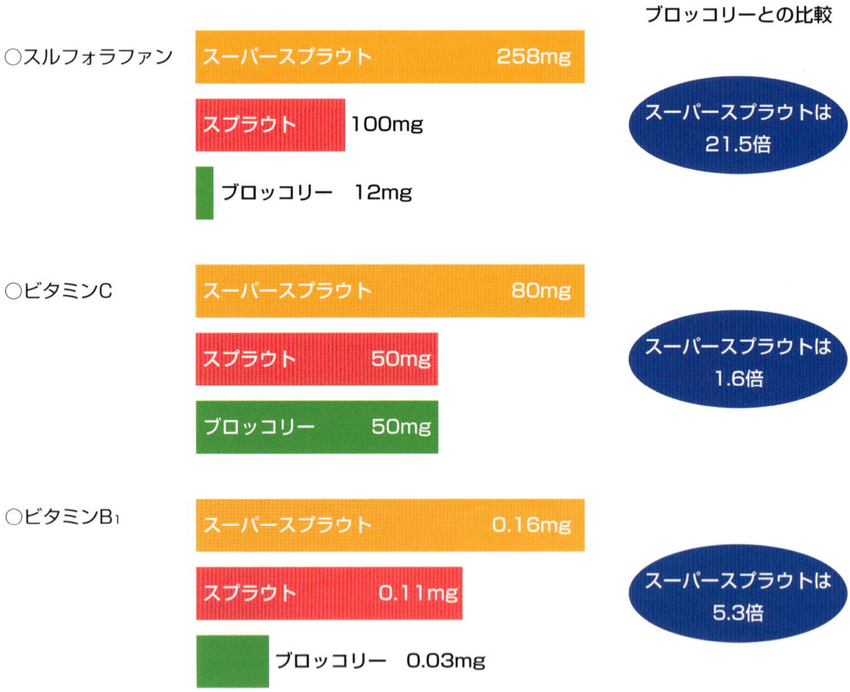

※日本食品成分表、日本食品分析センター、米国BPP社調べ

たようなかたちをしており、普通栽培期間は、1週間程度と言われています。見た目はよく似ていますが、かいわれのような辛みがないので小さいお子さんにも好評のようです。

そしてもうひとつが、今注目の「ブロッコリー・スーパースプラウト」（写真2）。見た目はアルファルファやもやしに似ていますが、味はスプラウトと同様で、非常に食べやすい野菜です。シャキシャキ感が一般のスプラウトよりも強く、サラダはもちろん、刻んで卵焼きに加える等の加熱調理にも使えます。

写真2

5 ブロッコリー・スーパースプラウトの健康成分

この製品は、タラレー博士の研究に基づきスルフォラファンを最大まで高めたもので、栽培期間は3日間程度と、かいわれタイプのスプラウトの約半分です。このスーパースプラウトに含まれるスルフォラファンはかいわれタイプのスプラウトの2.5倍、成熟ブロッコリーの20倍以上と群を抜いています。

そもそも種子とは、植物が成長していくための栄養素をぎっしり詰め込んだ栄養の宝庫です。そして発芽とは、その栄養素を解放すること。植物ホルモンや酵素が活動を開始し、ビタミンやミネラルも増加していきます。種の時にはなかったビタミン類も盛んに作り出されます。ブロッコリーは健康野菜の王様として有名ですが、「ブロッ

ブロッコリー・スプラウトとブロッコリー・スーパースプラウトの栄養成分

	ブロッコリー・スーパースプラウト	ブロッコリー・スプラウト（かいわれタイプ）
スルフォラファン	258mg	100mg
カロテン	930μg	2720μg
ビタミンB_1	0.16mg	0.11mg
ビタミンB_2	0.17mg	0.14mg
ビタミンC	80mg	60mg
ビタミンK	125mg	273mg
ナイアシン	2.61mg	1.52mg
パントテン酸	1.04mg	0.36mg

（日本食品分析センター調べ）

コリー・スーパースプラウト」はその成熟野菜よりも多くのビタミン類をバランス良く含んでいます。

カロテンは体内でビタミンAに変わり、免疫機能を高め、ビタミンB_1は代謝活動を促します。またビタミンB_2は成長促進作用や粘膜を保護し、ビタミンCは抗酸化作用が期待できます。さらには、ビタミンK、ナイアシン、パントテン酸、葉酸なども高いレベルで含有。カルシウム、マグネシウ

ブロッコリーの解毒酵素誘導活性（成熟ブロッコリーと新芽の比較）

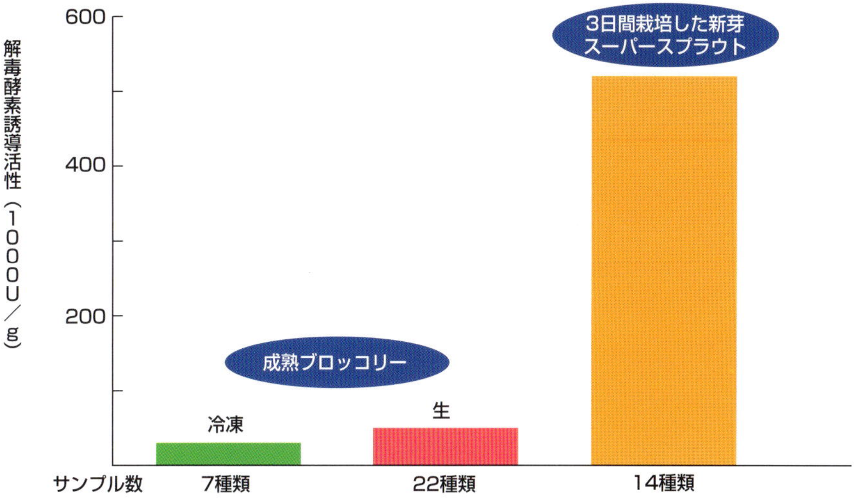

※ジョンズ・ホプキンス医科大学　タラレー博士の研究より

ム、鉄分といったミネラル類や食物繊維も含んでおり、言うなれば天然のサプリメントといったところでしょう。

そして、最も重要な成分であるスルフォラファンについては、なんと成熟ブロッコリーに比べ20倍から50倍も含まれているというから驚きです（P88図参照）。

6 ブロッコリー・スーパースプラウトはなぜ「がん」を予防するのか

この野菜が世に送り出されるきっかけになったのが「スルフォラファン」という物質です。そしてこの成分ががんを予防することをポール・タラレー博士は解明したのでした。

ではスルフォラファンはどのようにしてがんを予防するのでしょうか。まずはがんという病気の発生から進行までを、おさらいしておきましょう。

まず、第一段階。喫煙、食事を通して取り込まれる化学物質、大気汚染物質、紫外線等の外的因子が体内で発がん物質に変わりDNA細胞を傷つけます。

そして第二段階。障害を受けたDNA細胞は、増殖を始め徐々に初期のがん細胞に移行していきます。最後の第三段階まで進むと、がん化した細胞が異常増殖。がん細胞は新たな血管形成を促す成長因子を放出して血管を確保し、腫瘍となって周囲の組織を侵していきます。

この**スルフォラファンには、発がん物質を解毒し体外に排出する能力を高め、第一段階と第二段階でがんを予防**することが期待されているのです。

また発がんのもうひとつの原因とされているものに活性酸素があります。**スルフォラファンにはこの活性酸素を除去する抗酸化作用を高めることも確認されています。**つまり、スルフォラファンは「発がん物質の解毒」と「抗酸化作用」のダブル効果でがんを予防してくれるわけです。

タラレー博士はこのスルフォラファンのがん予防効果について、ラットを使った動物実験を行なっています（右図）。これによれば、スルフォラファンを多量に投与したラットは、何も与えなかったものに比べ、腫瘍の数や大きさが大幅に少なかったとする実験結果が出ています。さらに最新の研究では、スルフォラファンのピロリ菌除去作用も報告されています。

スルフォラファンの投与量の違いによるラット1匹あたりの腫瘍の数の比較

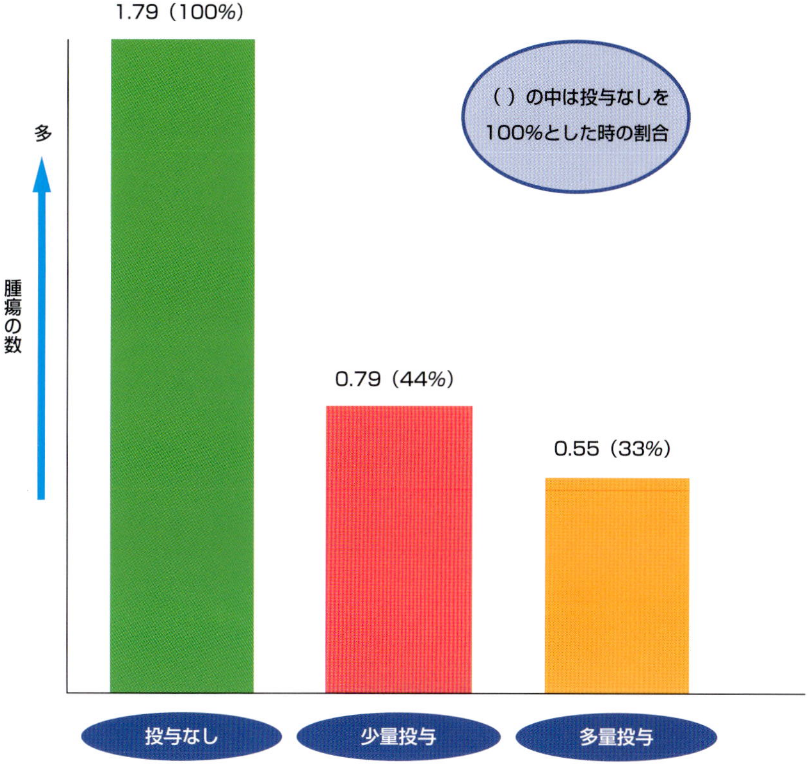

※ジョンズ・ホプキンス医科大学　タラレー博士の研究より

8 ブロッコリー・スーパースプラウトの選び方

ポール・タラレー博士の発表を受けて健康志向の高いアメリカでは、スーパースプラウトブームが巻き起こっています。そして、ブロッコリーのスプラウトもさまざまなメーカーがこぞって商品化しているほどです。

しかし、タラレー博士は指摘します。「**すべてのブロッコリーやそのスプラウトにスルフォラファンが多量に含まれている訳ではないのです。ある特定の品種を使って、特別な栽培方法をとらなければ意味がありません。**」実際にマーケットに並ぶスプラウトのスルフォラファンの量を調べてみると、多いものから少ないものまでさまざまで、ひどくばらつきがあり、中にはほとんどスルフォラファンが含まれていないものもあったそうです。

それでは、スルフォラファンを確実に含んでいる製品を簡単に見極めるにはどうすればよいのでしょう。開発者のタラレー博士にうかがったところ、「スルフォラファンの含有量は見た目では分かりません。私がその生産ノウハウを指導し、定期的にスルフォラファンの測定をしているものについては、黄色いブラシカマーク（写真下）を付けており、これを目安とすれば安心です。」という答えを頂きました。

日本でも1999年から（株）村上農園（TEL：0475-54-3281）がライセンスを取得し、タラレー博士の技術指導の下でブロッコリー・スーパースプラウトやブロッコリー・スプラウトを生産、全国で販売しています。

著者紹介

杉本　恵子（すぎもと　けいこ）

相模女子大学食物学科卒業。大手百貨店の健康管理室に勤務し、管理栄養士として従業員の健康管理を担う。1992年、130人の管理栄養士をネットワークし、（株）ヘルシーピットを設立し、健康・栄養管理に関わる講演活動、テレビ出演、執筆活動を行なっている。中でも「５色の食材バランス健康法」が好評。著書に「こんにゃくダイエットメニュー」「低カロリーバター応用レシピ」「いきいき美人の納豆レシピ」（共著・素朴社）、「食材５色バランス健康法」（フットワーク出版社）がある。

http://www.healthypit.co.jp

装丁／デザイン　スタジオ ビィータ
撮　　　　影　石塚　美治
スタイリング　清水　詳子・島田　順子
（ヘルシーピットスタッフ／管理栄養士）

がんを防ぐ発芽野菜活用レシピ
カラダにおいしいスプラウト

2004年4月10日　　第1刷発行

著　者　杉本　恵子
発行者　三浦　信夫
発行所　株式会社　素朴社
〒150-0002　東京都渋谷区渋谷1-20-24
電話：03（3407）9688　　FAX：03（3409）1286
振替　00150-2-52889
印刷·製本　モリモト印刷株式会社

ISBN 4-915513-80-7　C2377　価格はカバーに表示してあります。

素朴社の本

あぐり流 夫婦関係 親子関係

しなやかに生きて96歳

吉行あぐり著　四六判／定価：本体1,400円＋税

15歳で結婚した夫・エイスケさんは遊び人。そのエイスケさんは、あぐり33歳のとき、3人の子どもを残して急逝してしまう。そして子連れ同士での再婚……。

二人の芥川賞作家と一人の女優を育て、96歳の今も現役美容師として活躍するあぐりさんの、ほど良い家族関係とは!?

女性たちの圧倒的支持を受けている「女性専用外来」と頼れる各科の女性医師たちを紹介。

女性のための安心医療ガイド

女性のクオリティ・オブ・ライフを考慮に入れた医療に積極的な施設や新しい女性医療を目指す病院・女性医師を紹介する好評のガイド・ブック。

医学博士 **天野恵子** 監修

A5判／定価：本体1,400円＋税

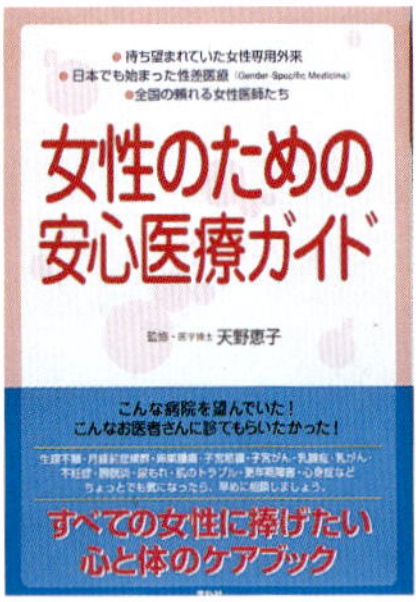

ドクター・オボの

こころの体操

あなたは自分が好きですか

オボクリニック院長 **於保哲外**　四六判／定価：本体1,500円＋税

対人関係や社会との関わりは、自分自身をどう見るか、自分をどこまで評価できるかという「自分関係」で決まると著者は語る。

「人間を診る」医療を心がけている著者のユニークな理論と療法は、こころと体を元気にしてくれる。